19743726R00058

Made in the USA
San Bernardino, CA
26 December 2018